esbelta, esfinge, estica

esbelta, esfinge, explora

esbelta, esfinge, és linda, explora

esbelta, esfinge, beleza inexplorável

esbelta, esfinge, bebida deplorável

esbelta, esfinge, és linda deplorável

esbelta, esfinge, és bebida aparente

esbelta, esfinge, és corte humanitário

esbelta, esfinge, és suco intocável

esbelta, esfinge, és corte fino, profundo, inigualável

esbelta, esfinge, és tesoura sem corte

esbelta, esfinge, és não esbelta esfinge

esbelta, és o que não acha que és

estica, esfinge, a a tua força de corte

estica, esfinge, a mão cega

estica, esfinge, mensagem de morte

estica, esfinge, carta inexplorável de amor morto

estica, esfinge, platina sobre hidrogênio

estica, esfinge, adsorvendo o ser

esfinge, mostra-me a vida pós ser

A vida é a pedra

é a pedra esquecida, dura, esfarelada, relembrada, esquecida,
espessa e esvaziada, oca e compacta, é a pedra intemperada, a
milenar e a mais nova esquecida.

It's complicated

It's like your life depends on that. on that fucking little thing, that
you put in your fucking tongue and it goes right into your stomach
and your head goes on with that chemistry and every day you need
to put that shit into your body but all you can think is how terrible it
is that you can't even be yourself cause society and life made you
that way simply because youre more sensitive to any stuff

whats

the point

in being

that sensitive

and why am I feeling so weird¿

de repente

o que mais importa

é o

nada

é o nada da vida

é o deitar e imaginar

é o deitar e não pensar

é o deitar e não ser você

é a sensação de que você é mais do que você

de que você não tá ali de verdade

de que como tu não pode controlar a vida

tu tem que controlar a si mesma

só que quando tu não consegue controlar a si mesma

tudo vira uma merda

é uma luta diária contra a tendência interna da mesmice

é uma luta diária contra a sensação de prazer intenso e relaxamento

até que ponto o prazer e o relaxamento são tão bons¿

por que tem que ser algo tão fácil, tão acessível quando se tem tanto
além disso¿

eu sinto que sou uma pedra

uma pedra que sofre todas as ações fuderosas humanas

que recebe todos os gases nocivos e tóxicos e que eu sofro por todos
eles

só que enquanto isso as pedras que estão ao meu lado elas não
sofrem do que eu sofro

sou só eu

sofrendo a morte gradual e talvez parabólica juntamente com o
paranoico hipnotismo que a vida me dá além do que eu posso ver e
além do que posso sentir e além do que posso ser

é o ser que é o ser que me enche de ser

é o ser que me faz ser e viver sendo o que sou

é o que sou que me faz ser e viver sendo o que sou

é o que eu sou que me faz querer fazer o melhor e ser o melhor que
a vida pode me oferecer

é o que a vida pode me oferecer que me faz pensar em todas as boas
possibilidades além de todas as coisas ruins para que assim a situação
de não relaxamento se torne algo bom por meio dos pensamentos
internos de melancolia felicidade transtornos obsessivos compulsivos
de amor paz harmonia saúde e trabalho saudável e bom e amável e
que eu amo. eu amo você

no simulado da tua alma

a vida te corrói

corrói-te a vida de vida

de vida ínfima e ínfima na própria cicatriz

aquela cicatriz que mata e renasce o amor e a melancolia do amor

o bucolismo que la tanto existia

a glória, o ordenamento, o amor claro

a vitória ou o pensamento despertado da vitória

pequenos momentos felizes de um momento não vivido

sinceridade, flor, sinceridade, Marilu!

sua mente é uma incógnita, disse ele

Marilu concordou, sorrindo, e por de baixo da máscara se corroeu em choros tímidos e nada perecíveis. eles de lá não saiam.

o simulado da vida é terrível de viver, disse ela

fofinha, é questão de perspectiva. A vida quem vê é você, Marilu.

sei lá

a vida é uma dessas coisas que te preenchem momentaneamente

a fim de te esconder de um prazer maior

a vida é a competição entre os menos fracos

para um tal objetivo que no final não te preenche

pois nada me preenche

e esse vazio que me toca e me conduz a profundidade mais cruel do
ser me interpenetra gradualmente

e penetra quando nada mais penetra

e a morte

e a dor

daquele que ama

a verdade daquele que profana

o profano mais belo da morte.

Sometimes

you look through yourself and beneath sparkle you see stone

beautiful and broken stone

Sometimes

You feel like you're nothing more but the worst

the worst anything in the world, something that can't even be
defined by an image.

It's like you have thrash

and then there's you

and they can be mixed like nothing else

but while you're feeling it, you know that you're beeing such an
asshole

cause why the fuck should you be a fuckin nightmare if you can'
even clearly think about what's happening behind you¿

you have all those things that makes you feel bright and happy and not alone

when you're sad you can put all behind you and live 100% cause you're not facing your monsters

you're with those who love you and everything seems so damn good and all you want to do is to live that completely and forever, what is there in the world that can be compared to it¿ nothing.

you can use all damn better antidepressants, all alprazolam, all clonazepam

but what really changes it is not that. not even all stuff that makes you feel alive. what really changes your life i show you see life. try changing the way you see stuff and then you'll be completely happy (it's so damn true, i know it is! Try it, even if i don't do it cause i'm too busy having panic attacks)

eu sinto que não consigo mais

que a carcaça que me recobre

diariamente de fingimentos

sinto que ela está desaparecendo, está se quebrando e perdendo sua maleabilidade

sinto que a vida anda me tornando cada dia mais real em meus sentimentos, e mais realista quanto ao que vem se passando dentro do meu Eu nesse meu Eu que se confunde com as próprias doenças e fadigas emocionais, me tornando cada vez mais longe do meu bem superior. me mantendo num estado que nem eu sei direito, mas em que eu nada mais consigo sentir. eu mais nada sinto. é como se tudo fosse um mix de nada, eu olho para o universo com os olhos de um observador que nada entende e que se perde no meio de sua própria história. A minha vida tem me tornado cada dia mais isenta do que eu sou, e eu ando cada dia fingindo mais. E cada dia fingindo menos.

esse paradoxo ainda me aflinge, porém nunca fez tanto sentido.

Será que algum anjo me salvará novamente desse poço cheio de metal fundido a 3000 graus celsius¿ bem, não importa. se ele vem ou não, minha mente sempre dá seu jeito de me sabotar e me manter na merda novamente. pouco importa. a única coisa que importa é vocês. Eu penso em fazer da minha vida o fim, mas o amor que sinto por vocês e quando paro para pensar eu percebo que é tão egoísta. me desculpa, me desculpa, me desculpa por tudo. eu não aguento mais. tudo está tão pesado, que eu não sei se consigo segurar mais uma vez, ou se vou ficar aqui simplesmente como uma passiva desse mundo que em minha perspectiva sempre volta pra merda.

parece que

a única coisa que aqui está

é o jardim

o jardim dos meus pensamentos

as vezes ele é colorido. a felicidade o faz gramas roxas, pétalas gigantes e azuis, raízes verdes, gimnospermas felizes e gratas pela sua cor bege, amarela, rosa, vermelha, e tudo misturado.

mas as vezes esse jardim é quebrado por ácido

as vezes chove ácido

as vezes chove as substancias mais temidas, e do nada ele se torna quebrado

as plantas quebraram, falou o jardineiro

o jardineiro é aquele que as comanda só que numa tempestade de areia, de ácido, o jardineiro nada pode fazer

o jardineiro tá passivo

existe uma prisão entre o jardineiro e o jardim que está completamente desbotado, com cores frias, tristes, que nada de bom sai delas

essas cores frias e tristes ficam lá visto que o jardineiro nada pode fazer

até que o jardineiro se depara com substancias em forma de pessoas que o procuram e sentem falta dele

sentem falta de passar pela rua e olhar aquele lindo jardim tão colorido e diferente dos outros, trazendo depressão a todos que agora o veem

mas essas pessoas não ligavam

por mais feio, por mais triste que parecesse o jardineiro e o seu jardim elas sabiam que ele nada poderia fazer existia uma barreira entre ele e o que ele comanda

essas pessoas quebraram a prisão existente entre ele e o jardim

regaram o jardim, depois o quebraram, tiraram todo o ácido e
agrotóxicos e fertilizantes químicos que matavam cada um dali

o jardim não era mais o mesmo

mas o jardim agora estava salvo

mas o jardineiro sempre precisava dessas pessoas para melhorar o
jardim, que todo dia chovia ácido

ele estava dependente químico

e não havia nada

que ele poderia fazer

se não dar fim

a própria infelicidade

da vida

em uma prisão.

a mente, te mente

a mente alimenta

a sentença de morte

covarde, valente

que ama, que beija

que te complementa

e se a mente te acovarda

de lidar com o que é belo e guardo

pelo gentil, doce, carinhoso amor

que só a euforia traz

que só o prazer traz

que só assim, a dor

ela não se traz

te contentando com o que tu és

verdade, e não demência

de um mundo clemencia.

I don't know

How to stop this pain

that gets bigger every time I try living

I don't know

How to handle with this big hole that I went 2 years ago and that still
makes me a part of it.

This black, metal soul

Depressed and fucked up

By all the society and what the mind can't handle

So I try at least to ask for help

But its Always there, a hole in my mind

That makes me way far from success

Because my mind just can't rest.

a frase da minha vida é o eu não aguento mais

sempre cheia de crises, sempre lendo e tentando entender como ficar bem consigo mesma. Mas a crise vira tudo do avesso, me transformo no que não sou e viro o monstro da minha própria mente. Sem conseguir o básico. Levantar da cama¿ então. Sem fazer o que eu antes fazia e me deixava tão feliz. Quanto mais eu cresço, mais distante eu fico do que deveria ser certo. As crises me tornam má. Triste. Impotente. Me sinto. cada vez menos. Será que to diminuindo¿ por que quando tudo deveria estar bem a calmaria se torna a minha própria tempestade¿ e meus sentidos se esvaem, e eu me conecto cada vez mais com a mente e emoções. Tremo. Choro muito. Dizem que é falta de Deus.

Eu acho

Essa musica que perpassa sua mente

A mais bonita expressão

Do ser oculto, escuro e inexpressivo

Que dança a sua musica

A sua mais linda musica, mais carcaça

Na várzea do seu ser, da sua mente e do que tu és

Perante o bem e o mal

O certo e o errado

Eu escolho ser

O que eu não estou sendo.

Depressão. Melancolia. Mas só quero o bucolismo

Da minha alma e a paz

Do meu ser

Em inconformidade com a minha mente.

Que so mente. E nada sabe.

"medite. Entre em conformidade. Em conformidade com o silencio."

O silencio

Mas

Nada traz

Além do pior do pensamento

Que é perturbador e nada linear

Que se mistura e se torna um mix

Da melancolia do meu ser

Da minha incapacidade de ver

O que antes era belo

Como o que realmente é.

(e agora o negativismo se sobrepõe)

E os meus órgãos vitais

Eles se reviram, numa gastrite nervosa

Causada pela perturbação do que antes

Não se sentia. Mas que agora a aglutinação

Se sente. E sente. E sente.

Mas você

E seu olhar, e seus desejos, e seus sonhos que antes existiam

Cade eles¿ cade eles senão no seu mais íntimo ser¿

Mas e o seu intimo ser, como está¿

Continua na masmorra, na podridão

No que é feio. Espantoso. E nada agradável.

Não é sonho.

É ilusão

É você

Quem leva

Meu coração

A lugares antes inabitáveis

Que me traz

A paz do seu carinho e do seu abraço

Seu cheiro, sua blusa na minha pele

Eu deitada em você

Carinho

Sentimentos de quero você pra sempre

Coração completo

Feliz como nunca esteve

Dentro de uma montanha-russa chamada vida

Que me destrói diariamente

Mas ela não ganha essa batalha, não

Porque você me constrói

Concomitantemente

E me traz a vitória

De te ter e te cheirar

E te beijar

E te amar

Amar é o mais completo incompleto

Perfeito imperfeito sentimento

Só com você se torna completo

O mais profundo, e eu sinto por você.

a vida

é a merda que inventaram

pra preencher esse vazio preexistente

inerente a própria psicologia humana

é o contato do cérebro humano com o doente, o triste, o vazio e o
inexistente

é um buraco negro

que criaram

em minha cabeça

e as pessoas mentem

dizendo que significa alguma coisa

quando a vida só é o desgaste mental

de tentar viver e não conseguir se encaixar

numa sociedade já existente

e aí você

já não aguenta mais

Com você

A vida se esvai

De uma forma

Sutil

Facilitada

Aberta

Amorosa

E com tanto temor

Do que der errado

Pra nos dois

Mas firmes

No que mais queremos

Eu e você

Você e eu

Juntos

Na vida

E vamos vencer

Qualquer percalço falho

De uma vida denegrada

E vamos alimentar

A força de continuarmos juntos

Que é tão simples

Tão tênue

E tão linda

Tudo

É uma merda

Dentro dessa imensa cabeça

De detritos

Dentro de toda infelicidade

Da alma

Dentro de todo o meu ser

Só brota

A infelicidade

Do ser

Ser infeliz

Ser mal compreendida

Ser e ser e ser

E o que resta

É o vazio do fundo do poço da mente

É a necessidade do pulmão preto

Que abre portas para uma vida

Que eu não aguento mais viver.

Me sinto

Estranha

Como se parte de mim

Tivesse ido embora

E a parte que sobrou

Estivesse flutuando

Numa água densa e vazia

Na tempestade do teu tremor

E na parte

Mais íntima

Do meu interior

Numa dança

Que esquece

E fere minha alma

Em pura apatia

E solidão

É so que

A vida é muito dura

Com os fracos

E eu sou fraca

Pouco aguento

Desse vai e vem

De sentimentos

E de amargura, dor

Felicidade e tristeza

Solidão da alma

Solidão do intimo

Vazio

É que ninguém realmente entende

E isso me dá medo

Como se em um avião todos soubessem se salvar

E tivessem esquecido de me dar o aviso

Algo surge

Você não sabe lidar com o algo

O imediatismo te leva a mil sentimentos

Você corre contra o tempo da própria mente

Mas ele te mente

E lágrimas correm contra a dor

Que não sabe mais o que sentir

Sobre o que passou

(mas nada realmente aconteceu)

É como se o ser dele

Colidisse num imenso estrondo

Com a parte mais linda do universo

É como se a presença dele

Me passasse um sentimento que

Toda depressão

Toda raiva

Toda ansiedade

Vai embora

E fica a calmaria

Da alma de duas almas

Que se amam.

E eu o amo

E é tão inexplicável

Como ainda é inexplicável a predição de partes da geologia

E ele é tão meu

Quanto eu sou dele

E a gente se completa

Da forma mais perfeita

Quando estamos juntos, tudo é um jardim de imensos prazeres

Quando eu vou embora, o vazio da alma de ter que lidar comigo mesma

Volta.

E eu tenho que lidar comigo

(já que eu não o tenho 24h por dia, por enquanto)

o buraco negro

da minha mente

me vende

o vácuo

do escuro

mas tênue

que descompassa

a linha da vida

e me leva

pra um canto longe

de onde a minha voz pode escutar

e ali eu olho

a obra da minha mente

a mais linda obra

é aquela

estridente

em que eu

morro na corrente

na corda

da mente

no pescoço

sufoca

eu morro

e dou adeus

a esse mundo

e á cabeça

vazia

que nada sabe lidar

com o doente e frio

e ela tem raiva

e mostra os dentes

perante a agua

que permeia

a vitória

de uma morte

(a minha)

as vezes

é como se sua cabeça

desse um pulo

e um inverso

e um incenso

entra adentro

numa versão

até que leve

até o odor vir

e acabar com o servir

do amor

e do incenso

e você cai de repente

numa cilada permanente

do vazio permanente

da morte perene

da depressão

crônica.

o borderline

me traz

um sentimento de

antipaz

comigo mesma

e com os outros

parece que eu erro em tudo

enquanto tento fazer o melhor

com a cabeça que não pensa

e só age de forma animalesca

gritando e uivando

a noite perene

e levando o corpo

a um estágio que nada sabe

o que faz

se bateu

se gritou

e o que faz

quando não se tem ideia do que se fez

o que se faz

me diz

o que se faz

quando você não tem certeza do que fez

quando ninguém pode te fazer o que você faz

porque você já errou tanto

que todo mundo foi embora

sim, todo mundo foi embora

ninguém aguentou sua raiva sem motivo

e suas perguntas duvidosas

e aquele pensamento que você externalizou

e acabou com todos os relacionamentos da sua vida

você não sabe o que faz mais

porque todo mundo vai embora, de qualquer jeito

ou seria você que se afasta de todo mundo¿

porque você tem medo de você mesma

e não quer machucar mais ninguém

então você se esconde

no íntimo da sua mente

que te traz mais incertezas

e uma vida miserável.

as vezes

eu não sei mais

o que eu to fazendo

nesse mundo barulhento

caótico e feio

nesse mundo da minha mente

que nem eu aguento

(quem vai aguentar¿)

não sei o que faço

o que farei

o que fiz

nem quais as consequências das minhas ações

nem o que ontem eu tava pretendendo fazer hoje

nem o que eu queria para a minha vida a longo prazo

porque nada mais faz sentido

e a vida uma hora é tudo

outra hora é nada

uma hora eu me sinto a melhor pessoa do mundo

na outra eu me sinto a pessoa mais angustiada do universo

e uma corda no meu pescoço

adiantaria isso tudo

não sei se to na fase maníaca ou depressiva

mas eu só quero morrer de uma forma muito acelerada

e que tudo pare

de me doer.

minha autoestima

é como minha vida

ela pode acabar a qualquer momento

se por em pedaços

e nunca mais se reestabelecer

remédios, autoestima

falta deles

meu gato. cade meu gato¿

cade minha vida¿ cade quem me mantém viva¿

cade a minha vida¿

ela tá acabada

em mil e um pedaços

preestabelecidos

em mínimos infinitos

explosivos em vazios

que vai preencher a minha alma

em um grande nada a ver

de quem não sabe o que faz

vai, me dá o gilete

me da a corda

me da o cigarro

eu preciso acabar logo com isso

se eu não to bem comigo mesma

se minha vida tá uma merda

e eu tenho que lidar

eu prefiro ir

e não voltar.

eu não sinto

nada

é o nada que eu sinto

andando e perambulando

pelas ruas da minha mente

do meu corpo

e do vazio da minha alma

é o mar do neutro

do que nada sabe

do que não sabe o que vem

do que não sabe o que vai

e do que não quer que nada exista

pois a existência traz um puta desespero íntimo e ínfimo

dentro do ser perante a existência

má vista

e neutra

e talvez ela queira se matar

ou talvez viver

num mundo em que o que importa é se importar

realmente com o que os outros se importam

eu to um pouco

irreal

ornamental

no final

real

visceral

no final

direitinho

passarinho

no cristal

varrendo

o saquinho

do mental

que passa que passa

que desce que desce

dentro da alma

dentro da pele

volta desce desce volta

entra na mente entra na alma

vazio vazio

traz o vazio

entra na mente

neutra neutra

depressiva depressiva

impulsiva impulsiva

me dá o mundo e eu quero mais

me dá tudo e tudo é nada

a vida é nada

o que me faz bem é o que me faz mal

e eu não sei saber

a diferença

do bem e do mal

e a vida é esse passe mágico dominical

feio triste sedento estrela glacial

me mata me mata me mata me mata

não aguento

mais

me puxa me puxa

me expulsa me expulsa

desse mundial

dia das bruxas

a minha vida

é uma peça

que se move

em movimentos

circulares

disformes

angulares

metricamente

mortais

e feitos

de corda

de aço

de pano

de corda

para contornar

o pescoço

da suicida

maria luiza

com a minha queda

o outro floresce

e cresce

e se mostra

menos modesto

que o político

corrupto

de 1927

eu não aguento mais a carga que é viver

nem o que vem com ela

nem todas as brigas

nem todos os desentendimentos

nem todas as pessoas me olhando estranho

nem meus transtornos

nem meus remédios

nem o sol que brilha ao acordar

nem a lua que brilha quando cheia

nem a porra

da minha alma

corroída

pelo nó

feio e distendido

da minha morte

voce

é aquele que chegou

de fininho

e sem muito saber

me mostrou um mundo

tão próximo

tão íntimo

do meu

me mostrou que o amor é

cuidar e amar

da sua maneira

mais linda e carinhosa

tênue e cristal

perfeita como tal

alegria da minha alma

presente junto ao teu

coração semelhante ao meu

mas tão diferente

que somos o yin yang

o positivo negativo

a gente se atrai

e naca consegue nos parar

de sentir o nosso cheiro

tão característico

aquele perfume que fica na alma

aquele sorriso que me acaba

aquele amor que me acalma

aquela voz que me traz boas lembranças

lembranças

de viver

o bom

de voce

e voce

me ensinou

como eu devo ser amada

e como eu devo amar

a sua maneira e a minha maneira

e eu te amo.

sei lá

é que as vezes

é difícil ter vontade de viver

quando se vive

dentro de uma mente

que só quer morrer

e dentro de uma vida

que não se quer viver

e dentro de uma morte transcorrida

que já passou e só não é vista

mas aconteceu

dentro da própria ilusão do ser

e eu já morri

vocês so não veem

que eu já morri

so falta eu morrer

a vida

não faz sentido

a

vida

não

faz

sentido

a vida

é

uma merda

eu sou

um lixo

eu sou uma

merda

eu nasci

pra morrer

eu nasci pra

morrer

eu nasci pra morrer

morrer é o que eu devo fazer

eu não sirvo pra nada

meu futuro não é nada

eu não me vejo tendo um futuro

eu não me vejo sendo feliz

eu sou um lixo

li.xo

inútil

idiota

é tão bom estar bem consigo mesma

nem que seja

naquele pequeno momento

finito dentro do infinito

infinito dentro do finito

das emoções trazidas pela carência de viver

do silencio da mente no turbilhão do seu ser

da mente

em paz

quando não tem paz

mas ela

se satisfaz

com o que se tem

e é permitido se ter

dentro da linha

do trem

dentro do trem

que passa e vai embora

mas volta sempre pra buscar seus passageiros

que estão sempre

vivendo

de forma

a ser capaz

de ter

um amor consolidado

sobre o que é viver.

e parece que a vida voltou

a solucionar seus problemas

com a morte

e parece que

eu só vou me manter bem

com a morte

e parece que

eu não fui feita

pra aguentar

as dívidas e as pressões do mundo

ou as dívidas e as pressões criadas por mim mesma

e eu quero me matar

e eu quero me matar

pois não tem saída

pra uma mente desnorteada

diante dos problemas da vida

parece que tudo

virou um verdadeiro nada

e minha felicidade mais fosse

uma caixa d'agua

sem água

e todos estão com sede

mas ninguém consegue saciar

aquilo que lhe traz alegria

e todos estão depressivos

e todos estão caídos

e todos estão se matando

e todos querem a morte de todos

e ninguém se aguenta mais

e eu não me aguento mais

e eu to sempre errada

dentro de um grande nada

e eu quero me levar

diante da vida me calar

e me deixar levar

pela tortura de uma corrente

que vem pelo meu pescoço

e me leva para o ar

e de repente eu não sei onde estou

e de repente eu estou em algum outro lugar

que eu ainda não sei qual é

e eu me matei

e só Deus sabe onde estarei

mas pelo menos eu me livrei

de tentar e não conseguir

viver a vida mais feliz

pois todos empatam na minha felicidade, inclusive eu

sangue, morte, sangue, dor, mutilação, morte, sangue, sangue

eu já fui

e nem sei mais

eu só choro

existe algo além do meu choro¿

eles também saciam aqueles que estavam com sede

eles querem a minha morte

se saciam com a minha carne

eles estão bem agora

parece que

tudo é demais

nada é de menos

a vida passa e eu fico

a vida fica e eu passo

rodeado de tubarões

rodeado de caveiras

rodeado de almas pavorosas

e de sangue nas centelhas

e de mal odor na minha mente

e de depressão na minha alma

e a calmaria chega, vem

vem comigo

vem se afogar

nesse mar tão vazio

tão estreito

é um mar sombrio

ele é preto

quando voce entra ninguém sabe quando sai

voce não sabe como sai

e sua pele

ela tá queimada

pelo isqueiro do seu cigarro

voce queimou

sua pele

a automutilação

a morte

a dor

de estar viva

de ter que viver a vida

do jeito que ela é

e aproveitar a sua própria companhia

no meio de um estado depressivo

que se corrói

e voce está la

fundo

dentro desse mar

preto

e voce não consegue sair

e a depressão acumula

sua cabeça é tudo e é nada

algo precisa te preencher

o tudo

ou o nada.

voce

é um nada

nada te faz esquecer

aquela bela canção

ecoando na sua mente

sobre o finito e o infinito da sua mente

girando girando girando

em espirais infinitos espirais

te mostrando a beleza da vida

mas voce não ve nada

só momentaneamente

aquilo acaba

voce se deita

voce se senta

fuma seu cigarro

e nada ali faz sentido

se enche de estimulantes e drogas pra dormir

e sua vida não passa de uma ilusão

não, não passa de uma vida mal vivida

mal resolvida e que ecoa em passos

eternos de desesperança

sobre qualquer coisa que possa

acontecer ou o que há

seus momentos sozinhas só te trazem infelicidade

a calmaria da depressão ecoa e sussurros

te enchem de memórias mal resolvidas

e sua mente já não aguenta mais

ter que lidar com tanta coisa

ela só gira em espirais

dizendo a mesma coisa

aquela mesma voz

voce flutua

seus braços estão dormentes

mas sua mente não para

e a grande merda

veio pra ficar

dentro de voce.

eu vivo entre uma vida e outra

entre a morte e depressão

entre o amor e o desprezo

de um mero coração.

eu vivo a saudade da minh'alma

daqueles que me acalmam

acalentam meu ser e não me deixam

sofrer. eu só queria um céu

um céu dentro do inferno

que é a vida na terra

dos que vivem mas não sabem

o que é certo em viver.

eu so queria aquilo

que mais me traz prestígio

aquele beijo escondido

dentro de uma flor perdida

desabrochando em meu ser

uma saudade perdida

e um amor nascido

dentro da imensidão do meu ser.

eu sinto saudade de amigos

eu sinto saudades do que eu tenho

mas não posso ter.

eu tenho medo do que vivo

eu tenho medo do que eu sinto

e dos que estão ao meu redor

vendo o meu verdadeiro ser.

eu perdi, perdi, perdi

ganhei, ganhei, ganhei

poucos ficaram

mas esses são os bens

da minha sombria alma.

E esse foi um resumo

Do que eu to sentindo

Dentro da imensidão de uma crise depressiva

E um mal que acalenta o meu ser

E me faz cada vez mais pequena

Diante do meu grande ser

E eu me sinto pequena, pequena, pequena, pequena

Mas isso é catástrofe

Da depressão

Bipolaridade

Ou borderline

Eu não sei

O que sou

Ou o que faço

Só sei o que eu sinto

E não sei o que é.

Eu

não devo estar aqui

a minha existência

é uma onda do mar

que passa

vai embora

e passa a não existir mais

se transforma em água parada

em oceanos frios

não serve de nada

diante da quantidade de água existente perene

que lá existe

eu sou um peso

eu sou o homem da mitologia grega que carregava a Terra nas costas

eu sou o estresse da minha própria vida

eu sou o pior de mim mesma

eu sou o pior que eu nunca quis ser

eu devo morrer, eu devo morrer

não devo nunca mais ser vista

por ninguém o meu ser

que é feio, sem graça

e além do mais não agrega em graça

eu estou sozinha sempre

eu estou sozinha comigo mesma sempre

e ter que lidar com a minha solidão é o pior de todos os pesadelos eu sou a pior pessoa do mundo e mereço morrer

pois ninguém é o lixo que eu sou

diante de um monte de lixeiras

eu sou a mais rasgada

cheia   de   vidros

que corta quem pega

que envenena quem prova

que é um ser

de infinita

memória

morta.

a morte

a morte é a minha melhor saída

quando eu não deveria ter nem ao menos existido

e quando eu não agrego nada na vida de ninguém

só sou um peso dentro de um mundo cheio de pessoas vazias

mas eu me sinto mais vazia do que o vácuo

mais depressiva do que a banda de depressive suicidal black metal já
escutada

eu sou a própria morte

eu vim pra me levar

eu devo me levar

eu devo me levar

eu não devo estar aqui

que eu seja levada

e nunca mais volte

pra esse inferno que é viver

na mente de quem não sabe viver

e só se depara com quem te odeia

te odeia, te odeia

finge que gosta de voce

mas te odeia, te odeia

e faz sentido

eu sou uma merda de entranhas ferrada em aço

eu sou o pior ser existente da face da terra

só por existir. E eu devo não existir. Tudo me consome. Até eu
mesma.

a minha vida

é uma prisão

é uma faca de dois gumes

é uma centelha

que vem, volta

e me trás o perecimento

do ser

que me deixa mal

mal, e me deixa dentro da alma escassa

escassa de amor

escassa de pessoas

escassa de carência

e da flor que me encanta

que me canta

e eu só sirvo pra morrer.

eu só sirvo pra não estar aqui.

eu só sirvo pra ficar deitada na minha cama

sem saber por que

e depois sofrer

sobre o alto da compadecida

e eu não sei o que está acontecendo

mas parece uma prisão

eu não consigo ficar bem comigo mesma

eu preciso sempre estar com alguém

e esse alguém pode ser qualquer um que me de paz

e sabedoria

de viver

uma vida mais feliz

diante da vitória do meu ser

(mas não tem ninguém pra me oferecer)

e então eu pereço

na minha própria morte

desencadeada do meu ser

pois eu não consigo ficar sozinha

sem nada pra fazer

eu preciso de anjos

de pessoas

eu preciso sentir o quente do amor

vibrando entre as almas

eu não posso estar só.

eu não posso morrer só. e nem ficar mal

mas eu estou mal

mas ninguém me entende

parece que eu sou a própria morte

e não sei lidar com o "não" da não socialização

que me dão

achando que vai ficar tudo bem

num dia que nada está bem

por que não entendem

que eu preciso viver

e aprender

para não perecer¿

que minha cama me faz mal

e eu nasci pra viver

senão eu morro de não fazer.

pois minha cabeça se reflete de mil

canções mal cantadas e tristes

diante do que é meu

a porta da morte

me chama

e me traz

a ventania

do ser celeste

que me leva embora

pra um universo paralelo

dentro de uma escuridão

mais parecida com um vácuo

a dada perfeição

que me é receitada

feita e cozida

não me satisfaz

e não me condiz

e não me completa

e não me faz bem

e não me faz mal

pois não é algo alcançável

assim como inalcançável

são

a porta da entrada

de uma crise e espanto

diante de tudo que se ve e se percebe

a carne do cordeiro

meu coração ansioso

minha mente bipolar

minha mente borderline

não sabe lidar

com as cobranças que lhe são dadas

como uma chuva de esperança diante de uma vida que não se ve
vivida (a minha)

e diante da personificação da imperfeição

como é a presença de mim mesma

na vida

de quem ultrapassa

a linha de chegada

da minha existência

e quem me segura é ele

não sei por que me indaguei tantas vezes

quando o amor da minha vida estava ali

sentado

me esperando

e aguentando

e ignorando

e mostrando

que eu sou mais do que a minha doença

mas eu só me vejo como um

descompasso da minha própria vida

algo que não deu certo

mas eu o amo

e ele me ama

acho que é o suficiente

mas o resto não é

a fumaça do cigarro

descreve em círculos

o movimento pesar dos meus pensamentos

que mais parecem perecer e cair do que ascender

diante de um mundo tão cruel

e de uma vida tão triste

diante de um ser nefasto

eu choro e mostro a minha alma triste

como se fosse tudo de mim

e eu sou a minha própria tristeza

e eu não consigo me salvar, não

estou a beira do precipício

mas eu não consigo cair

nem ficar

(o que eu faço¿ não sei)

I don't know what to feel and what to think and what to do when all I don't wanna do is try anything and once in a while (forever) stay just a little with myself. sleeping for maybe a lifetime as I no longer know how to do stuff as I used to. Yeah, maybe i'm depressed, maybe i'm anxious, maybe I have a bipolar and borderline disorder, but it doesn't take away from me the needing of not being here and not doing what others want me to do. I no longer have the will to do stuff as I used to. But I also feel that I don't have the will to end my life. cause I feel yeah so fucking wanted anda t the same time not wanted cause maybe people didn't realized yet what'd be better without me. shit. why is it so important to me to try to show myself as a living person if I died so longa go but my parents can't accept this reality¿ man, i'm dead. I'm not alive. I just pretend to be alive. I pretend to do stuff when i'm doing university stuff or out of my house, but the process of going out is so fucking shitty. my remedies, they just show me that i'm already a not living person. and if I didn't take them I would just be trying to die once more. What am I waiting for¿

existem dias que o sol parece brilhar mais

seus gatos parecem te dar mais amor

a felicidade do mundo te transcende

e voce se sente mais calma

e a crise não vem

mas vem uma crise de amor

felicidade e gratidão

por aqueles que estão ao meu redor

a minha cigana e ao meu caboclo

e ao espiritual que eu tanto clamo

enquanto profano

a energia espiritual

do mundo ao meu redor.

o tempo não passa

é como se as horas durassem dias e segundos durassem horas

é como se eu fosse obrigada a viver uma vida que não faz sentido
viver

é como se tudo fosse tão ínfimo, tão sem importância que eu

me acabo

dentro do meu ser

de expectativas não realizadas

e de um mundo cruel

que não sabe lidar com a minha impulsividade

e minha tristeza e minha raiva

tudo acontece e nada me espera

é tudo muito rápido ao mesmo tempo que é tão lento

eu não aguento mais essa dupla

essa imperfeição do tempo

essa nossa noção tão estagnada

que só me piora

e põe minha depressão no chão

todos exigem que eu continue

que eu tenha forças pra algo que eu não tenho

que eu melhore de uma doença que já entregue nas minhas mãos
não sai, não vai embora nem se eu peço por favor

então parem de me exigir o que eu não posso dar

se eu nem ao menos consigo ter vontade de levantar da cama.

eu não aguento mais me aguentar

e ter toda essa carga do mundo em cima de mim

como se fosse alguma coisa boa e normal

eu digo sai de perto de mim

que não sei o que posso fazer

não sei o que sou capaz de fazer

por favor se afaste

eu sou louca

e não entendo muito sobre o que é estar bem

nem o que é morrer

apesar de que por tanto tempo clamei morrer

eu não sei a solução certa pra nada da minha vida

então eu fico parada, deitada na minha cama

ou fumando um cigarro

pra ver se alguma coisa passa

mas só os dias passam

e as coisas continuam as mesmas.